e
新
No

経済

2022 今を語る16の視点

スペシャルインタビュー

ジャック・アタリ
ダニエル・コーエン
翁 百合
十倉雅和
ダニエル・ヤーギン
ラグラム・ラジャン
小林鷹之
養老孟司
芳野友子
新浪剛史
ブレイディみかこ
テッド・サランドス
水谷哲也
桐野夏生
永守重信
アンドリュー・スコット
リンダ・グラットン
平野未来

週刊東洋経済eビジネス新書　No.408

今を語る16の視点　2022

本書は、東洋経済新報社刊『週刊東洋経済』2021年12月25日・22年1月1日合併号より抜粋、加筆修正のうえ制作しています。情報は底本編集当時のものです。（標準読了時間　120分）

今を語る16の視点　2022　目次

スペシャル・インタビュー

世界と日本を語る16の視点

いま世界は夜明け前なのか、それとも暗闇迫る夕暮れか――。新秩序と混沌が交錯する2022年。今の世相を生き抜くために不可欠な16のテーマにわたり、内外の識者18名が語る。

【世界の課題】

「GAFA解体し民主主義守れ　日本は台湾危機に身構えろ」

経済学者・思想家・作家　ジャック・アタリ

1991年のソ連崩壊や2008年の世界金融危機、17年の米トランプ政権誕生などを予言した欧州の知の巨人、ジャック・アタリ氏に、世界に突きつけられた2022年の課題を聞いた。

――2022年の世界をずばり予測してください。

2022年の最も重要な出来事は、気候変動による深刻な被害だ。アフリカや南アジアで暮らす人々の暮らしが、非常に困難になるおそれがある。また大量の移民も挙げられる。すでに世界各地で散見されるように、大量の移民が先進国に押し寄せてくる。

さらに遺伝学、ＡＩ（人工知能）、神経科学、ナノテクノロジーなどの分野での驚異的な技術進歩、米国の国際舞台からの漸次撤退、終息とは程遠い新型コロナウイルス感染症の動向、新興国でのワクチン接種の進捗、インド、イラン、ブラジルの政情不安、東アフリカ地域での内戦の勃発、世界金融危機のおそれなどにも注目している。もちろん、これら以外にも世界各地で予期せぬ出来事が数多く起こるだろう。

東アジアの動向にも注目している。中国と台湾は依然として緊迫した状態にあり、米国がこれに関与することで、東アジアでは非常に激しい紛争が勃発する可能性がある。日本は不測の事態に備える必要がある。

例えば、オーストラリアやインドネシアをはじめとする近隣諸国すべてと可能な限り良好な関係を維持する、日本の領土が侵犯された場合に米国の支援を受けられるかを検証する、などだ。いずれにせよ、確かなのは最終的に頼りになるのは自国だけということを意識すべきだ。

欧州においては、フランスで22年4月に大統領選挙が予定されている。大統領選を機にフランスは、欧州における自国の地位とEU（欧州連合）の統治能力を強化しようとするだろう。そのためにはとくにドイツ、イタリア、スペインとの同盟関係をより強固にする必要がある。

欧州は、防衛、産業、研究開発に関して共通の政策を打ち出さなければならない。なぜなら、欧州に対する米国の支援は今以上に期待できず、とくに防衛関連において欧州は自立しなければならないと悟るだろう。

――最新刊『メディアの未来』では、GAFA（グーグル、アップル、メタ〈旧社名フェイスブック〉、アマゾン）の解体を提案しています。2020年は米議会でGAFA規制法が検討されるなど、世界中でIT大手の独占に対する懸念が広がっています。

GAFAはSNS（交流サイト）のような公共性の高いものも含めて、たいへん便利なサービスを提供している。しかし、さまざまな弊害が明らかになっており、規制が必要だ。

例えば、これらの企業が得る法外な利益、自分たちに不利益をもたらすおそれのある革新的な技術を手当たり次第に買収し独占する姿勢、中身を開示しないＡＩのアルゴリズムの問題点、若年層の学業に支障を来すほど中毒性の高いサービスの提供などが理由として挙げられる。

また人々をバーチャルな世界へと誘導し、さらに孤立させる彼らのやり口も尋常ではない。各社が力を入れている（ＡＲ〈拡張現実〉やＶＲ〈仮想現実〉の）技術は、医療、教育、産業などで将来性がある。しかしこのような仮想技術が、人間同士の実際の出会いを完全に代替するようなことがあってはならない。

ＧＡＦＡを制御できるのは、米政府だけだ。彼らのＡＩアルゴリズムを監査し、解体し、市場独占を切り崩す必要がある。こうした取り組みは民主主義の存続にとって不可欠だ。さもなければ、われわれの世界は非現実な世界へと転落することになるだろう。つまり、全員が自己の殻に閉じこもり、陰鬱な虚像だけを眺めて暮らすことになる。そうなれば、われわれの社会生活は成り立たなくなる。

こうした脅威を完全に把握している中国政府は、（中国のＧＡＦＡとされる）ＢＡＴ

X（バイドゥ、アリババ、テンセント、シャオミ）が中国共産党よりも力を持つことを警戒している。

コロナ後の新資本主義「命の経済」に転換を

――世界は新型コロナによる混乱を乗り越えられるでしょうか。

今回の新型コロナ禍による混乱の克服でカギを握るのは、「命の経済」という概念だ。（ロックダウン下で書いた）『命の経済～パンデミック後、新しい世界が始まる』で提唱した考え方だ。

「命の経済」とは組織構造、消費、生産の形態を抜本的に見直し、生活に必要不可欠だと判明した部門へと経済を導くことを指す。例えば命の経済では、医療や教育、インフラ、再生可能エネルギー、エコ住宅、安全、民主主義、自由なメディアなどの推進を目指す。新型コロナでさまざまな問題が露呈した世界は今後、「命の経済」への転換を図る必要があるだろう。

金利が経済成長率よりも低い状態が続き、公的資金が「命の経済」のために利用され、貧困層であっても「命の経済」が提供するモノとサービスを享受できるならば、政府の財政出動は欠かせない。政府のこうした財政支出は、現在はもちろん未来においても役立つだろう。反対に、公的資金を「死の経済」が提供するモノ（化石エネルギーや人工甘味料など）の購入補助のために用いるのなら、悲惨な未来が訪れるだろう。

ただし、「死の経済」から「命の経済」へと変革させる際には、社会的な混乱が生じるおそれがある。というのも、今日において世帯の支出全体に占める「死の経済」に属するモノの割合はかなり大きいからだ。政府は公的資金を投じることによって、例えば発電の脱炭素化や電気自動車の推進といった変革を支援すべきだ。

未来を予測し、明確なルールを定め、国民を保護し、誰もが「命の経済」のモノとサービスを享受できるよう確約することが、今後の政府の務めとしてより重要になるだろう。

（聞き手・林　哲矢）

ジャック・アタリ（Jacques Attali）

1943年アルジェリア生まれ。81年仏大統領特別顧問、91年欧州復興開発銀行総裁など要職を歴任。「欧州最高の知性」と称されるフランスの知識人。著書に『海の歴史』『2030年ジャック・アタリの未来予測』『21世紀の歴史』『国家債務危機』など多数。

【不確実性】

「新型コロナと異例の株高　目前の2大リスクに備えろ」

仏パリ経済学校教授・ダニエル・コーエン

欧州を代表する経済学者、思想家である仏パリ経済学校のダニエル・コーエン教授。2022年の世界経済について、新型コロナウイルスの感染者数に左右される各国経済の短期リスクと、中央銀行の金融緩和による株式市場の不確実性の高まりを指摘する。

――新型コロナ禍の各国政府の経済対応をどのようにみていますか。

今回のコロナ危機で国は、交通機関などの公共空間だけでなく、例えば学校の一斉休校の決定など家庭や職場などの私的空間にまで踏み込んで対策を講じなければならなかった。国民と企業、そして医療従事者という民間セクターと共同で対策を講じる必要があった。その結果、GDP（国内総生産）と雇用において、先進国の経済活動は驚くべき回復力を示した。新型コロナ感染症による今回の危機は、最も深刻だったが、最も短期間で終わった危機として歴史に刻まれるだろう。

驚異的な回復力の第1の要因は、政府の巨額な財政出動だ。ほとんどの先進国では新型コロナ禍による購買力の喪失を回避するために、巨額の財政出動をした。これは従来の経済危機時の対応と大きく異なる。というのも、従来の経済危機ではケインズが説いた投資家の「アニマル・スピリット」の現象がはっきり現れた。危機によって人々は悲観的になり、投資と雇用が激減し、深刻な危機へと変化するというメカニズムが作動した。

だが今回の危機では、このメカニズムが始動しなかった。政府の手厚い支援策などが背景にあったからだ。感染拡大の懸念が薄れるや否や、人々は自信を取り戻し消費と雇用は復活した。

もちろん、このような経済の回復は朗報だったが、極めて不安な要素がある。危機時の世論は、もっぱら新規陽性者数などの短期的な数値の推移に左右されることが判明したからだ。

その証拠に2020年の夏、さまざまな手段によって感染拡大の抑え込みに成功すると、経済は急速に回復した。春に記録した損失は7月から9月の利益によってほぼ相殺された。ところがその後、感染拡大の再燃は避けられず、冬には再び危機に陥った。新型コロナウイルス感染症のような見通しのつかない事態に対し、われわれの社会は合理的に対応できないことが明らかとなった。

――政府の財政拡大、中央銀行の金融緩和を後ろ盾に、世界の市場では異例の株高が続いています。

米国の経済学者ロバート・シラー（2013年にノーベル経済学賞を受賞）が考案した「根拠なき熱狂」を把握する計算式によると、1929年の大恐慌は「景気循環調整後の株価収益率（CAPER）」が33倍になったときに起きたようだ。この比率は、2000年のITバブル時では42倍、そして今日では37倍だ。今の株式市場は、はたしてバブル崩壊の寸前なのだろうか。超低金利の継続と景気回復の見通しによる配当金の増加などにより、一見したところ懸念材料は見当たらない。

世界経済に2つの懸念 インフレと財政赤字

だが、懸念すべき点が2つある。1つは、市場関係者が固唾をのんで見守るインフレ率だ。インフレ率が急上昇すれば、各国の中央銀行は想定以上に早期の利上げを余儀なくされるだろう。そうなれば、景気回復への道は途絶える。

もう1つは財政赤字だ。公的債務として積み上がるだけで、経済全体に十分な資金として供給されていないという可能性がある。本来ならば、民間の貯蓄を社会として有用な投資へと誘導することが理想である。

今のところ各国の金融当局が極めて慎重であることもあり、各国の市場に差し迫った懸念はない。だが、不確実性は高まっている。

——21年10～11月には英グラスゴーで、国連気候変動枠組み条約第26回締約国会議（COP26）が開催されました。気候変動への克服に向け、脱成長論など資本主義そのものを見直す声も高まっています。

科学的に以前から証明されていた災いに、誰もが納得するようになるまで、かなりの時間がかかったという印象だ。今後、人類に残された時間はわずかだ。浴槽に注がれる水のように、大気中に二酸化炭素が放出され続けている。大気という浴槽は多少漏れることがあっても否応なく満たされていき、いずれ満杯になるだろう。

「気候変動に関する政府間パネル（IPCC）」の推計によると、浴槽の容量は残り15％だそうだ。このままではあと10年もすれば浴槽から水があふれ出し、平均気温は産業革命以前に比べ1・5度以上上昇して取り返しのつかない事態に陥ると警鐘を鳴らしている。

また国連の推計によると、各国がパリ協定を順守すると仮定しても地球の平均気温は2・7度上昇し、何十億人もが被害を被るとのことだ。明確で拘束力のある規制が存在しないため、（環境負荷が高まる）現状を抜本的に変化させることは難しいだろう。

経済学者が考える技術的な解決策は、最低炭素価格の設定だ。つまり、民間のコスト計算に「災害コスト」を含有させることだ。

また、再生可能エネルギーを推進すると、化石燃料の価格は下がる。（価格が下がれば、化石燃料の消費量が増える可能性があるため、）脱炭素に向けた当初の目的に反する。このようなわなを回避しなければならない。

いずれにせよ、炭素価格の導入だけでは不十分だ。脱炭素社会は可能であり、望ましいとうたう新たな基準や革新的な実践が必要だ。

さらに、すぐに陳腐化してしまうモノや過剰なエネルギー消費に基づく現在の消費社会を抜本的に見直すべきでもある。「慎ましさ」という過去の価値観を、今後の美徳にしなければならない。

地球温暖化への対応において、資本主義という制度自体が不適格だとは思わない。資本主義はイノベーションとコスト削減を同時に実現する。例えば経済学者が最低炭素価格の導入といった新たなルールを提唱するのは、イノベーションが起こる過程を正しい軌道に乗せるためでもある。

（聞き手・林　哲矢）

ダニエル・コーエン（Daniel Cohen）

1953年チュニジア生まれ。エリート校であるパリ高等師範学校の経済学部長。2006年には経済学者のトマ・ピケティらとパリ経済学校を設立し、教授に。専門は国家債務。著書に『経済成長という呪い』など多数。

「必要なのは未来世代のための持続可能性と人への投資」

日本総合研究所理事長・翁　百合

世界的に環境破壊、格差拡大が問題視され、資本主義の行き詰まりが指摘されている。資本市場、金融問題を専門とし、岸田文雄首相の「新しい資本主義実現会議」の有識者メンバーでもある翁百合・日本総合研究所理事長に、日本が目指すべき資本主義について、話を聞いた。

――今は資本主義の修正が世界的な議論になっています。一方で、日本の潜在成長率の低下は顕著です。翁さんが考える「日本が目指すべき新しい資本主義」についてお話しください。

重要だと思うことは大きく2つある。1つはサステイナビリティー。持続可能性はあらゆる企業経営に求められており、未来世代を考える必要がある。環境に配慮した研究開発投資をするなど、短期志向ではなく社会的課題解決に貢献しつつ企業価値の持続的向上を目指すべきだ。

もう1つは人的資本で、人への投資。産業資本の時代はものづくりが重要で工場や設備など有形資産への投資が必要だった。だが、今は無形資産が重要だ。データやソフトウェア、ノウハウや知的財産はすべて無形資産であり、これからは、それらによる勝負になる。日本は生産年齢人口がますます減っていくので、人々が能力を発揮できる社会にすることが大切だ。一律な教育・投資ではなく、それぞれの人に必要な投資を強化して、付加価値を高め持続的成長を実現しないといけない。

――コロナ禍の下で、欧米では失業手当を厚くしました。しかし、日本では企業を支援、存続させることで雇用を維持しました。終身雇用の発想で、生産性の低い企業も守られる。労働移動を前提にすることに根強い反対があります。

グリーン化やＤＸ（デジタルトランスフォーメーション）を推進していくと、技術革新も加速度的に進むし、産業構造はますます変わっていく。それに合った形で労働移動が起こるようにしていかないと、いつまで経っても日本だけ成長率が低いままだ。

「ソーシャルブリッジ」という言葉を私は使っているが、次の仕事に移ることを可能にするようなセーフティーネットをつくるべきだ。お金を配るだけではなく、教育・訓練を提供し、人と仕事のマッチングを伴走型で行う仕組みだ。成長分野への円滑な人の移動を促していく。求職者支援制度などは規模は小さいが、一部の非正規雇用の人は使っている。そういった制度をより充実させていく必要がある。

『ライフ・シフト（LIFE SHIFT）』で描かれたように、人生１００年時代になり、７０歳、８０歳まで働く時代になれば、一生同じ会社に勤めるというわけにはいかない。副業やリカレント教育も可能にしていって、次のステップに移れる、長く生きがいを持てる、そういう社会にしていきたい。発想を変えて、失敗を許容し、やり直しのできる社会にしていく。スウェーデンなどはそれで成功している。

企業も同様に、重い経営者保証の弊害を解消し私的整理をしやすくして、事業再生を可能にする必要がある。

柔軟で多様な働き方を正規雇用で可能に

――成長戦略としては、やはりグリーン投資、デジタル化が中心になるのでしょうか。

グリーン投資、DX投資、規制改革、起業の促進によってイノベーションを起こす必要がある。DXは、付加価値生産性を高めて、潜在成長率を引き上げるだけではなく、柔軟な働き方を可能にする。高賃金の雇用機会は東京に多いので東京への人の集中が進んだが、リモートワークが進んで、地方で働くことも可能になってきた。ワーク・ライフ・バランスが改善されて女性ももっと活躍できる。副業も含めて多様な働き方ができるようになっていくとよいと思っている。

――新しい資本主義実現会議では、社会保障改革、財政、税制の議論は見えてきません。財源・増税の議論も必要だと思います。

全体像が必要なのはそのとおり。成長戦略だけでは足りない。税と社会保障の一体改革は、コロナ後に格差が拡大したこともあり、重要なテーマだ。

生産性に見合った賃金上昇が必要だが、今の日本では分配しても、消費に結び付かない。将来不安が大きく、とくに非正規雇用の人たちは雇用リスクもあるので、給付金をもらってもなかなか使わない。

非正規雇用の人は年収300万円の壁がある。一生300万円では安心して結婚もできない、子どもも産めないという悪循環。こういう社会が成長するはずがない。不本意ながら非正規で働いているという人の、正規雇用への転換を支援する必要がある。

コロナ禍では医療制度に問題のあることも明らかになった。高齢化が進む中で、医療制度も改革し、医療・年金制度に持続性のあることを示す必要がある。悪循環を断ち切るための全体像も議論したい。

公的債務残高のGDP（国内総生産）比が日本は先進国の中では突出して高い。つねにワイズスペンディング（賢い支出）を考えるべきだ。成長していくためにはグリーンやデジタルへの投資を支援する必要がある。だからこそ、本当に効果のあるところ、必要なところはどこかをしっかり考えなければいけない。社会保障もつねにワイズスペンディングの観点から見ていく必要がある。

財源については、新しい資本主義実現会議で突っ込んだ議論までするかどうかはわからないが、タックスミックスについては格差の問題も関わるので議論したい。

MMT（現代貨幣理論）のような主張をする人もいるが、インフレになってしまったら止めるために増税を行うことなどできない。

――今回の子ども1人に10万円の給付金も、ワイズスペンディングの観点では疑問があります。

片方の親に年収が970万円あればもらえないが、両親が900万円ずつ、1800万円の家庭はもらえるとか、基準にも問題がある。納得が得られない。選挙公約であったので、何を目的にしているのかの議論がなかった。目的と効果検証の議論はつねに必要だ。

（聞き手・大崎明子）

翁　百合（おきな・ゆり）

ＮＩＲＡ総合研究開発機構理事。京都大学博士（経済学）。金融庁金融審議会委員、財務省財政制度等審議会委員、経済産業省産業構造審議会委員、内閣府「選択する未来２・０」懇談会座長。「新しい資本主義実現会議」有識者メンバー。

【持続可能性】

「持続可能な資本主義実現へ　後回しにせず議論より実行」

日本経済団体連合会会長（住友化学会長）・十倉雅和

日本経済はいまだ回復途上にあり、2022年も新型コロナウイルスとの闘いは続いていく。国際競争力低下や環境問題への対応など、日本企業を取り巻く課題は山積だ。産業界の舵取りを担う、十倉雅和・日本経済団体連合会会長（住友化学会長）に、企業経営の進路を聞いた。

――2022年に向けて経団連として取り組むべき課題は。

会員1500社にアンケートしたところ、22年の事業リスクとしていちばん多かった回答が新型コロナ。続いてサプライチェーン、資源価格だった。やはり短期的課題はウィズコロナの中でいかに経済社会活動を活性化させるかだ。ゼロコロナはない。ワクチン開発という科学の力を借りて「オミクロン」などの変異株に対峙していかねばならないが、パンデミックからエンデミック（一定地域で普段から継続的に発生する状態）になれば、経済を回していける。

経団連として中期的課題は「サステイナブルな資本主義」の実現だ。資本原理主義のような行き過ぎは改めるべきだ。効率重視、利益最大化、企業は株主のものであるといった考えが強調されすぎ、その副作用が蓄積している。私の好きな宇沢弘文先生は50年前にそういった問題を指摘し、「社会的共通資本」（豊かな経済生活を営み、人間的に魅力のある社会の安定的な維持を可能とする自然環境と社会的装置）の重要性を説いた。

人類がビジネスの辺境をどんどん開拓し、そのことが生態系の破壊や気候変動をもたらした。経済社会の副作用としての格差は、成長と分配を同時に考えることがなかったためだ。新型コロナで露呈した危機管理対応における医療制度、教育制度の問題も市場原理では解決できない。だからこそ「社会的共通資本」の構築が求められており、そこに「サステイナブルな資本主義」の真髄がある。つまり、社会との共存を視野に市場経済を運営していかないとならない。

――「サステイナブルな資本主義」とは、岸田首相が提唱する「新しい資本主義」「成長と分配の好循環」とも通底する考え方ですか。

同じような問題意識だと理解している。サステイナブルを目指す以上、GX（グリーントランスフォーメーション）が一大項目だが、社会保障制度も課題。賃上げしても将来不安があれば、貯蓄に回ってしまうだけ。成長と分配を好循環させるためにも、分配の原資を稼ぐための成長が重要だ。

――成長戦略にはイノベーションや規制改革も必要。どのようなシナリオが描けると思われますか。

いちばん大きいのがGXとDX（デジタルトランスフォーメーション）。GXは20～30年かけて国内で研究開発していく工程だが、これを先延ばしせずに今すぐ始めねばならない。そこのところが日本の中ではやや感度が鈍いようだ。デジタルもすでに2周、3周遅れ。遠隔医療や自動運転技術のようにデジタル化は広い意味で社会の格差をなくすことにつながる。多様な層をすべて包摂する社会の実現に取り組むべきだ。

経済安保は「競争と協調」　単純な二元論は禁物だ

――日本は長い間実質賃金が上がっていません。政府からも求められている賃上げについて、経営者サイドとしてどう対応しますか。

長期間にわたり低成長が続いていることが背景にあるが、企業も稼いだ成果をしっかりとステークホルダーに分配しないといけない。ステークホルダーは株主だけではない。従業員は本当に重要なステークホルダー。企業は利益が出れば還元するのが当然だ。賃上げしやすいように、政府には税制だけでなく持続可能な社会保障整備も急務だ。官民それぞれが働き手に還元しようという今のモメンタムを大事にしていきたい。

――岸田内閣で「経済安全保障」の法制化が議論されています。

経済安保が必要だという時代の環境要請はよく理解できる。そのときに人権や法の支配、自由主義といった同じ価値観の中だけで組むとすると、すべてのサプライチェーンを米中別々に構築することになる。国内だけでやっていけるようにと言っているが、米国も中国も日本もグローバルサプライチェーンに組み込まれているのだ。

緊急事態が発生したときに備えて、頑強なサプライチェーンを確保すべきなのはそのとおりだが、キーワードは「競争と協調」。単純な二元論で考えるべきではない。経済は民の活力が源泉なので、経団連としては、それを極力そがないようにしてほしい。何が機微技術なのかをはっきりさせ、予見可能性をもっと高めてほしい。

――日本は国際競争力が落ち続けています。反転攻勢できますか。

経団連副会長に就任してもらった南場智子さんが強く訴えているように、スタートアップの振興は重要。日本には米国のようなユニコーンがほとんどない。これは教育や労働慣行、ファイナンスなどに問題がある。国際競争力で重要なのは多様性を確保すること。そのためには成長産業へ促す労働の流動性が不可欠で、従来のメンバーシップ型採用だけではなくジョブ型雇用（職務、勤務地、時間などの条件を明確にして雇用する契約）も加えたほうがいい。

リスキリング（職業能力の再開発）やリカレント教育も必要だし、大学や高校での起業家教育や、自分は人と違っていい「メイク・ア・ディファレンス」という風土づくりも教育現場で育ててほしい。

——22年はどんな年に。

虎は千里往（い）って千里還（かえ）る。活力のある行動の年だ。やるべきことは決まっている。議論もいいが、あまり後回しにせず、実行あるのみだ。今やらねば、子どもや孫の世代は大変なことになる。

（聞き手・鈴木雅幸、宇都宮　徹）

十倉雅和（とくら・まさかず）

１９５０年生まれ。７４年東京大学経済学部卒業、同年住友化学工業（現住友化学）入社。２０００年技術・経営企画室部長、０３年執行役員、０８年取締役常務執行役員、１１年社長、１９年会長。２１年６月から日本経済団体連合会会長。

【エネルギー】

「資源価格の高騰が発した過小投資リスクへの警告」

IHSマークイット副会長・ダニエル・ヤーギン

激動を続けるエネルギー市場。2022年にはどう展開するか。エネルギー問題の世界的権威で、国際的な情報分析会社IHSマークイットの副会長を務めるダニエル・ヤーギン氏に聞いた。

――2021年はエネルギー価格の高騰が世界経済を揺るがしました。

石油に端を発しなかったという点で特異なエネルギー危機だった。コロナ禍からの経済回復と、中国経済過熱による石炭の不足から始まった。それは欧州でのLNG（液化天然ガス）需要増大へつながる。北海で風が弱く、欧州の風力発電も低迷した。これらが価格を想定外に高騰させ、欧州とアジアでのエネルギー危機を招いた。

石油は、天然ガスからの代替需要や、中期的な需給引き締まり観測から追随して値を上げた。

――2022年はどう予想しますか。

石油価格でいえば、1バレル当たりおよそ65～85ドルの範囲で推移するとみている。100ドル乗せという見方も1カ月ほど前にはあったが、消費国の戦略備蓄放出や、新型コロナ変異株（オミクロン株）の出現で状況が変わった。

しかし、新著『The New Map』（和訳本『新しい世界の資源地図：エネルギー・気候変動・国家の衝突』が22年1月下旬に小社から出版）にも書いたように、今後2年間は「過小投資」のリスクによって需給の逼迫が続くだろう。

脱炭素と同様にエネルギー安保も重要

――石油輸出国機構（OPEC）プラスや米シェール企業はどう対応していくでしょうか。

OPECプラスは石油供給を増やすだろうが、市場の需給動向を非常に注意深く見ていくだろう。

シェール業界は以前に比べて価格上昇へ警戒的に対応している。理由の1つは価格の変動性の高さに対する懸念だが、何より大きな理由はキャッシュフローの還元に対する株主の要求の高まりだ。

――気候変動とカーボンニュートラル（脱炭素）の潮流もエネルギー市場に影響を与えています。

カーボンニュートラルの推進は政府の政策、投資家の判断、企業の戦略と投資の柱に据えられつつある。新著のテーマの1つが、エネルギーの転換だ。

ただ、エネルギー転換は人々が認識するよりはるかに複雑化していくだろう。そして、従来型資源に対する過小投資から生じる混乱が現実のリスクとなる。気候変動は重要だが、エネルギーの安全保障と信頼性も同様に重要だ。

――エネルギー市場の急激な変動は今後も続くでしょうか。

イエスだ。COP26（国連気候変動枠組み条約第26回締約国会議）と同じ時期に、アジアと欧州でエネルギー危機が起こったことを考えればいい。それは、過小投資のリスクに対する警告だ。気候目標を過激に押し付けようとすれば、エネルギー危機の再発につながる。バイデン米大統領が（COP26開催地の）英グラスゴーへ行く途中でOPECプラスに石油増産を要求するという状況に、将来起こりうる矛盾の一例が見られた。

――化石燃料価格の高騰は再生可能エネルギーの需要増大につながると考えられます。

太陽光パネルのコストは劇的に低下した。私は新著の中で、「ソーラー革命」は「シェール革命」に匹敵すると指摘している。しかし、再エネの最大の原動力は引き続き政府の政策だ。化石燃料、とりわけLNGの価格高騰は再エネの需要を刺激するが、再エネは資金の調達も必要としている。

ロシア情勢にも要注意 22年は「不安定」の年

――米中対立がエネルギー市場に与える影響も注目されます。

米中間には多くの懸念材料があるが、両国は強く結び付いており、まだ米ソ冷戦のような状態ではない。米国に到着するコンテナの42％は中国発だ。だが緊張は高まっており、エネルギー市場にも多大なリスクが生じうる。それは「大国間競争」の新時代を意味する。

何に注目すべきか。台湾はもちろん、南シナ海情勢も重要だ。この問題を新著で詳述したのは、中国だけでなく日本にとっても通商面での戦略的重要性が高いからだ。

――地政学リスクとして中東やロシアの情勢をどうみていますか。

イランは強硬派の新大統領の下で核開発計画を推進し続けている。新たな核合意を見いだすのは一段と困難になるだろう。ただ、中東でも前向きな進展はある。アラブ首長国連邦（UAE）とイスラエルの平和協定は真の前進といえる。両国は共通の経済的、戦略的利害関係を有している。

プーチン大統領は、イタリアよりも経済規模の小さいロシアを大国の1つに押し上げた。大国化が彼の根源的な野望だ。今、10万人を超すロシア軍がウクライナとの国境地帯に集結していることが懸念される。情勢を注視すべきだ。

――2022年のエネルギー市場のキーワードを挙げるとすれば。

「不安定（volatile）」だろう。もしコロナ禍が過ぎ去ったと確信できれば、好調なグローバル経済とエネルギー需要の増大を予想できる。すると今度は過小投資という問題が浮上することになる。

一方で、インフレがもはや「一過性」とはいえなくなったことにも注意すべきだ。それは金利の上昇を意味する。もう1つの問題は、サプライチェーンの混乱が22年も続くことだ。これが当社全体にわたる業務の中心にある。

――日本が今やるべき重要なことは何でしょうか。

何十年もの間、日本はエネルギー安保に明確な焦点を当ててきた。米国が豊富な資源から得られるような恩恵を日本は得られない。脱炭素に照準を合わせる際にも、エネルギー安保を見失わないことが大事だ。長期的な視野で投資を支援し続けるとともに、エネルギーの生産者、消費者双方との連携を維持していく必要がある。

エネルギー、気候、地政学の新たな地図上を進むには、相当な先見性と柔軟性が求められる。その道筋は将来の日本経済にとって極めて重要だ。

（聞き手・中村　稔）

ダニエル・ヤーギン（Daniel Yergin）

1947年生まれ。米イェール大学卒業、英ケンブリッジ大学で博士号取得。エネルギー問題の権威として米エネルギー省長官の諮問委員会委員などを歴任。著書に『石油の世紀』（92年にピュリツァー賞）や2020年の新著『The New Map : Energy, Climate, and the Clash of Nations』など。

「真の民主主義があってこそ強力な市場が形成される」

米シカゴ大学ブース・スクール・オブ・ビジネス教授　ラグラム・ラジャン

先進国の中で広がる格差と分断。人種問題や所得差が背景となって格差が固定化し、極右勢力の世界的な台頭にもつながっている。近著『第三の支柱』でコミュニティーの視点から問題を分析した米シカゴ大学のラグラム・ラジャン教授に、迫り来る民主主義の危機について聞いた。

――新型コロナの先行きが不透明で、経済の行く末を見通すことが極めて困難になっています。

ダウンサイドリスクとしては、サプライチェーンの混乱による成長の著しい鈍化や、財政・金融面での経済刺激策によって、需要が供給を過度に上回っている。気になるのはインフレが一過性なのか、今後も続いていくのかだ。新型コロナに対する金融市場の反応は、2020年初めに比べ落ち着いてきた。ただ、インフレ率はこれまでに中央銀行が耐えてきた数字をはるかに上回っている。

中央銀行がインフレを抑えられるという信頼を失ってしまえば、今後のインフレ対策が難しくなる。ほとんどの中央銀行は、インフレを一過性のものと捉え落ち着くのを待とうとしているが、私は待つ余裕はないと思う。金融市場が中央銀行への信頼は失われたと感じ、事態は悪化するというのが悲観シナリオだ。

――2兆ドル規模のバイデン米大統領の経済対策が可決されれば経済の問題点は解消されますか。

取り残されてしまったコミュニティーにもっと投資しなければならない。同じ機会を得られなかった人々に対しても同様だ。いい学校に入れなかったり、子ども時代に十分なリソースを与えられなかったりすると、同じ土俵で競争することはできず、市場経済の恩恵を十分に受けられなくなる。
問題は、予算の執行が効率的な方法で行われるかどうかだ。多くの場合、国のトップダウンが強すぎる。州や地方自治体を信頼して、独自の解決策を考案させたほうがよい。しかし、米国内の分断を考えると、そのような信頼関係を築くのさえ難しいのが現実。人種間の不公平感を解消しようとした場合、州や市によっては支援したいコミュニティーにまで恩恵が行き渡らない可能性があるからだ。

――著書『第三の支柱』のテーマにつながってきますね。執筆の動機について教えてください。

私は、グローバリゼーションや自由市場に対する不満の高まりを感じていた。とくに先進国では、この20〜30年の間にこうした不満が高まっている。問題は国家・政府にあるのか、それとも市場か。私は第三の支柱であるコミュニティーに焦点を当てることにした。
人はどのように成長し価値観を持つのか。その大部分は生まれ育った場所や通う学校に左右される。先進国には所得の低い地域や低開発地域が点在しており、その結果、不満が高まって批判の矛先が市場やグローバリゼーションへ向けられる。

すべての人に繁栄をもたらすには、グローバリゼーションの優れた点を維持するとともに、それが特定のコミュニティーに悪影響を及ぼす場合が多いことを認識する必要がある。行き過ぎたグローバリゼーションによって、地域のコミュニティーから権限を奪うことにならないようにすべきだ。

――コミュニティー間の分断の程度がより顕著になっています。

人種的な分断だけではない。あるコミュニティーに富裕層が暮らす一方で、貧困層は別のコミュニティーに暮らす。中流階級と貧困層が同じ学校に通うことがないので、経済的な分断もある。このような社会的・経済的分断は以前にも増して広がっている。シンガポールの公立学校では多様な社会的背景を持つ生徒たちを一緒に通わせている。中流階級の親を持った子どもは、学校でほかの子どもを支えることができる。共に勉強し、互いに学び合うことを知ることは子どもの成長にもつながる。

包括的ローカリズムによる広範な行動規範をーー欧米で見られる極右系のポピュリズムとこうした問題は、どの程度関連しているのでしょうか。

強く関連している。ドナルド・トランプ前米大統領やフランスの極右政党「国民連合」党首のマリーヌ・ル・ペンのようなポピュリストたちは、喜んでエリートの目に指を突き立てる。そして「リベラルのエリートは調和を説いているが、自分の子どもたちの学校に言葉を理解しない移民が入ってきたことで勉強のペースが落ちるようなことを経験していない。あなたたちは気候変動に立ち向かう政策を求めているが、私は職場の近くに住むことができないので、ガソリン代をもっと払わなければいけない」と主張する。これは、フランスで3年前から起こった「黄色いベスト運動」と呼ばれる抗議運動の大きなテーマでもある。

地域のコミュニティーにもう少し大きな権限を与えながらも、極端な排斥行為を防ぐためのより広範な行動規範が必要だ。私は「包括的ローカリズム」という、やや矛盾して聞こえる言葉を使っている。例えば、地域の店の開業時間を、なぜそのコミュニティーで決めてはいけないのか。教師の採用も同様で、なぜ国レベルで行わなければならないのか。地域の権限がもっと強まれば、自分たちがコントロールしているのだという実感を得られる。

――グローバリゼーションそのものが問題なのでしょうか。

そうとは思わない。それよりも、市場の力が大きくなるとEU（欧州連合）のように全員で共通ルールを作って対応しようとする傾向こそが問題だ。包括的ローカリズムでは国がすべてを行う必要はない。意思決定を効果的に行うことができるのであれば、可能な限り地域内で行うべきであり、国が下した決定であっても、地域内でコンセンサスを得られるようにコミュニケーションを取るべきだ。それが真の民主主義であり、真の民主主義があってこそ、強力な市場が生まれる。民主主義にほころびがあれば、市場が独り歩きしてしまい共存しがたいものになる。

（聞き手・東洋経済特約記者／在ニューヨーク・リチャード・カッツ）

ラグラム・ラジャン（Raghuram Rajan）

1963年インド・ボーパール生まれ。米マサチューセッツ工科大学（MIT）で博士号を取得。2003年IMF（国際通貨基金）のチーフエコノミストおよび調査局長、11年に米金融学会会長、13年にインド準備銀行総裁を務める。専門は銀行論、企業財務論、経済開発論。

【経済安保】

「決して規制強化ではなく、競争力向上への法制化だ」

経済安全保障担当大臣　内閣府特命担当大臣・小林鷹之

岸田内閣の目玉政策の1つである「経済安全保障」。2022年1月召集の通常国会での法制化に向けて準備室が設置され、18人の有識者会議もスタートした。経済安保の制度設計に向けた議論は、半導体製造や先端技術開発、中国問題など民間企業の成長戦略にとって重要な戦略的テーマが多い。初の所管閣僚に就いた小林鷹之・経済安全保障担当相に法制化への課題などについて聞いた。

――経済安保の基軸となる、政府としての考え方や目的は何ですか。

今回の新型コロナ禍ではサプライチェーンの脆弱性や国産ワクチンがなぜ出てこな

いのか、あるいは半導体不足など国民生活を脅かす問題が噴き出した。従来型の伝統的な安全保障だけでは、国民の命と暮らしを守り切れない。諸外国の動きに左右されず、日本政府として、国家として体系立った考え方をしっかりと整理していく必要がある。

その際に重要な大きな方向性は3つ。1つはサプライチェーンの強靭化や基幹インフラの信頼性確保などを通じて経済構造の自律性を向上させること。日本が抱える脆弱性をしっかりとあぶり出して把握し優先順位をつけて対応していく。2つ目は人工知能・量子などの重要技術の育成に取り組み、日本の技術の優位性・不可欠性を確保すること。今後の社会の趨勢を見据えて、日本が強みを持ちうる分野を見極めて強化していく。望ましいのは世界が日本を必要とせざるをえない分野を戦略的に拡大していくこと。その結果として国際社会の中で日本のプレゼンスが高まり、国際秩序の維持・強化に向けたルール形成に主体的に参画していくことが3つ目だ。

――法制化に向けて議論が本格化しますが、重要産業や戦略的な重要物資の具体的なイメージは。

自律性確保ということでは、基幹産業として情報通信、エネルギー、金融、医療、交通や海上物流といった国民生活の基盤となる産業について、まずは脆弱性を把握することが大事だ。そのうえで人工知能や量子、バイオといった先端技術のうち日本が育成すべき技術を特定し、国家戦略として位置づけるものがあれば、民間企業と一体となって後押ししていく。重要物資としては半導体、大容量電池、レアアースをはじめとする鉱物資源、薬品の4品目だ。

半導体産業の再生を10年計画で戦略構築

――とくに半導体不足は長期化しています。日本として海外に依存する態勢でいいのですか。

この30年間、日本の国際社会の中でのシェアや立ち位置が低下の一途をたどっている。日本はいま岐路に立たされているのだが、識者の中には「今さら（対応しても）遅い」との声もある。では、必要不可欠な半導体を海外に依存することが国家のあり方として正しいかというと、私は違うと思っている。今回、台湾の半導体メーカー・TSMCが熊本に工場を建設する意思を表明してくれたことは歓迎するが、それだけではなく、できる限り自国で賄っていく方向を目指すべきだ。今回の工場は20ナノメートル台。国内に有力ユーザーがいない中で次世代半導体にどう取り組むのかも考えていくべきで、インテルやIBMを抱える米国など海外との連携は視野に入れていく。

――半導体はサイクルのある商品。海外メーカーがどこまでしっかり投資してくれるのか、そこに政府としていくら資金をつぎ込むのか、難しい判断です。

血税を投入するからには国民への説明責任がある。冷静に議論して進めるべきだ。海外と連携する一方で、日本には最先端ではないかもしれないが、技術と企業がある。半導体産業の再生は今すぐには難しいが、10年先を見据えたビッグピクチャーの戦略構築が必要。市場全体を大きくしていくことと併せて、目指すべき未来図を国としてコミットしていきたい。そのときには、民間企業が本気で世界と勝負しようと思ってもらえないとうまく進まない。

統制経済のようなダメ出しはしない

――国が関与することでかえって動きが遅くなったり、民間の自由度が失われたりしませんか。

国が箸の上げ下ろしまで企業へ求める必要はない。アニマルスピリットを持って世界に挑戦してくれる日本企業がどれだけあるのか、冷静に見ていく必要がある。一方で民間企業も国にどれだけ本気度があるのかを見ている。その意味で国として明確なコミットメントを実施していくことは必要だ。安全保障上リスクがある外国製品の事前審議についても、統制経済のように一方的に「これはダメ」「あれは変えろ」ということは自由経済の下では控えねばならない。民間企業とは対話しながら制度設計していくことが極めて重要だ。

――機微技術の流出を防ぐための特許出願情報の非公開化については、非公開化する技術の選定方法や非公開化に伴う出願者の地位保全などの課題があります。

そもそもG20の中で特許出願すべてを公開する制度になっているのは日本とメキシコ、アルゼンチンぐらいだ。他国は何らかの安全保障上の留保が制度設計されている。諸課題は当然検討していく。

――企業経営者に対しては経済安保の考え方をどう伝えますか。

「経済安保＝規制」といった民間企業の自由な経済活動に規制色を強調する論調も一部にみられるが、そうではない。まずビジネスは原則自由に進めるべき。ただ、そのときに日本の中での法律やルールと、相手方企業の国の法律やルールとの違いをしっかりと認識してほしい。そこを意識しないと、自らが持っている重要な技術やデータを、場合によっては守り切れない可能性がある。経済安保の法制化はむしろ競争力を向上させるためだと理解してほしい。

（聞き手・鈴木雅幸、山田雄大）

小林鷹之（こばやし・たかゆき）

1999年東京大学法学部卒業。同年大蔵省（現財務省）入省。03年ハーバード大学ケネディ行政大学院修了（公共政策学修士）。10年財務省退職、公募を経て自由民主党千葉県第二選挙区支部長就任。12年衆議院議員初当選。16年防衛大臣政務官。21年岸田内閣が10月に発足し現職。（科学技術政策、宇宙政策）

【脱成長】

「居心地のよい状況を見つけこの国の危機に備えよう」

解剖学者・養老孟司

コロナ禍は日本の社会をどう変えたのか。ポストコロナ時代の上手な生き方とは……。解剖学者で、当代きっての論客である養老孟司氏に聞いた。

――大病を患ったということですが、この2年はどう過ごしていましたか。

だいぶ緩い感じで過ごしました。ゆったりとね、歳も歳ですから。ペンディングになっていた仕事が秋ごろからは元に戻ってきたが、少し体力は落ちた。しみじみとそう感じる。動かなかったからか、病気を患ったからなのか……。

――コロナ禍の世の中をどう見ていましたか。

みんな、「これでいいんですか？」と立ち止まって、世の中のことを考える時間を持てるようになった。僕が理不尽だと思うのは自殺問題や虐待問題です。10代、20代の人たち、30代の若い人たちが命を落としている。

今の子どもは大人への準備だけ進めているように見えます。まるで小さな大人。親がどういう学校に入れて、どういう職業に就かせてみたいなことをやっているから、子どもが本来の子どもとして存在しなくなっちゃった。

みんなで手抜きをした、そのツケが回ってきた

大人の予備軍？　そうね、子どもの人権が議論されることもあるけど、人権という言葉が出てくること自体が気になります。無条件に保護されるべき存在なのでね。人権なんていうと、大人扱いしているわけで。何でそんな時代になったのでしょう。学校に行かない、行きたくない子どもが増えた。

人口再生産率などを見ても、この社会は健康じゃない。生物というものは、条件がよければ増えるので、増えないってことは条件が悪いってことです。若者の自殺も関係している。先行きに望みがない。これ以上生きていてもろくなことないな、と。

――コロナ以前からの傾向でしょうか。

その傾向は以前からありました。コロナによる時間の緩みで、表に出てきちゃったんじゃないですか。女性の自殺が増えたのもそう。みんなが生きやすいような社会をつくってこなかったのです。戦後は経済がよかったから、考えないでやり過ごしてしまったことがたくさんあった。みんなで手抜きしたんです。コロナ禍によって、そのツケが見えやすくなったような気がします。

社会をよくするための手だて……。短期的には難しいと思う。まず国民全体の考え方が変わらないとダメですよ。この国が抱える問題はたくさんありますから。

――あまり救いはないですか？

ちょっとよくなってきたことはあります。地方で働く人が増えている。移住だけじゃなくて、リモートによる仕事も増えて、東京への一極集中が少し緩んだ。一極集中が問題だと思うのは、首都直下型地震など大災害が予想されるからです。いつかは言えないけれど、必ず起こる。大きな地震に刺激されて富士山が噴火することも全然不思議ではないでしょう。逃げられる人は早めに逃げたほうがいいけれど、日本ではどこに逃げても地震のリスクがある。

インタビューの趣旨に反するかもしれません。世の中がどうなるかということをいくら考えて、先回りしようとしても無理ですよ。重要なのは、自分が今いちばん居心地のよいのはどういう状況かということです。そのことをそれぞれ把握して、それに合わせて生きていく。居心地のよい状況を自分の力で発見していかなくてはいけない。会社のせいにしてはダメだし、世間のせいにしてもどうしようもない。自分で探すしかない。

――すぐに発見できる方法はないのでしょうか。

いつもそのことを頭に入れながら、探してみるしかない。人に聞けることじゃないですよ。「田舎に住め」って言われても、とてもそんなことはできない人もいる。自分でやってみないとわからないことは、一度やってみたほうがいいのです。

――新刊の『ヒトの壁』ではＡＩ（人工知能）などテクノロジーについても触れています。

さっきの「居心地」の話題と密接に関係しています。例えばＡＩで動かす社会は、人間にとって居心地がよいのでしょうか。それを一生懸命に主導している人たちに聞きたいのは「あなた、本気でそういうふうにしたいの？」「スマートシティーって本気で住みたいの？」っていうこと。

よい点、悪い点を挙げていけば、よくわからないという結論になるでしょう。これはしょうがない。かつてこの国は、経済をよくするなら植民地を手に入れるしかない、という発想で戦争を始めた。そしてパンクした。だから「待てよ、本当は何がしたいの？」と時々立ち止まって考える必要がある。コロナ禍ではそれができます。

――現状を正しく認識することが大事なのですね。

日本のGDP（国内総生産）成長率と実質賃金はこの20年間、低下する一方です。実は僕はこれを「脱成長」と呼んできた。斎藤幸平さん（大阪市立大学准教授）やヨーロッパの学者なども脱成長をテーマに本を書いていますが、僕の言う脱成長とは話が逆です。僕の解釈では、日本の実態はもう脱成長になっています。

すでに成長していない、脱成長の状況にあるという現状を認識しなければいけない。コロナの患者がなぜ2021年の秋から減ったのか。大勢の人を動員して多くの研究費を投じても、さっぱりわからない。それと似た状況を感じます。自分たちの姿を正しく認識できない社会は問題です。

ゆっくりだが、危機的な状況は確実に迫っている。その事実を認識しなければ……。今僕たちが真剣に考えるべきことは何か。『ヒトの壁』などの本を書きながら、自分の中でそんなことをきちんと整理できた。それがコロナ禍でよかったことです。

（聞き手・堀川美行）

養老孟司（ようろう・たけし）

1937年生まれ。東京大学名誉教授。人間の問題や社会現象を、脳科学や解剖学の知識を交えながら解説。89年『からだの見方』でサントリー学芸賞受賞。『バカの壁』で毎日出版文化賞特別賞受賞。著書に『唯脳論』『身体の文学史』など。12月に『ヒトの壁』を出版した。

「性別の役割意識を変えたい　将来に向け「人への投資」を」

日本労働組合総連合会（連合）会長・芳野友子

労働組合のナショナルセンターである日本労働組合総連合会（連合）。10月に女性初の会長に就任したのが芳野友子氏だ。「ジェンダー平等」や、春闘・賃上げのあり方、政治との関わりについて聞いた。

――会長就任時に「ジェンダー平等」を抱負として掲げました。

男女雇用機会均等法、育児・介護休業法、男女共同参画社会基本法などの法律は整っているが、各企業では依然として評価や職域に男女差があり、管理職に占める女性の割合も低い。連合の運動では、ジェンダー平等の視点を入れるとともに、各企業の取り組みの点検活動を強化していきたい。
企業だけでなく、地域や家庭の中にも性別役割分業意識が根強く残っており、本人の気持ちとは裏腹に周囲が固定された役割を無意識に求めてしまう。そのような風土を変えるのは容易でないが、そこに目を向けない限り本質的な改善は難しい。性別にかかわらず個性や能力を発揮できるような職場や社会のあり方を、労働組合サイドからも発信していきたい。

――最近では経営者もコーポレートガバナンス・コードで女性の管理職登用などを求められています。

確かに、女性の活躍や多様性の確保に関して労使で方向性は一致しつつある。連合としては、女性活躍推進法に基づき企業が策定する行動計画に、労働組合が進捗のチェックだけでなく計画策定にも関与するよう促している。

適正な価格にしないと給与水準は上がらない

――ここ20年以上、日本は長く「賃金が上がらない国」といわれてきました。

1997年以降、日本の賃金水準が下がり続けているのは事実だ。90年代後半からのリストラの影響で非正規雇用が増加したことが背景にある。連合としては雇用を守ることを優先し活動していた。2014年以降、賃金水準をベースに要求を組み立てているが、要求どおりの妥結は難しかった。

労働組合組織率の低下も影響している。現在の組織率は約17％で、労働組合のない企業が圧倒的に多い。労働組合がなければ賃金改定の土俵にも立てない。

――インフレは賃上げの追い風になりえますか。

日本は物価上昇への抵抗感が強く、コストの上昇を価格になかなか転嫁できない。しかし適正な価格にしていかないと、給与水準は上がらない。また中小企業の場合、大手企業からの値下げ要求があったりしてさらに処遇改善が難しい。公正取引の問題と併せて取り組むべき問題だ。
ものづくりの現場ではコストや労働力を価格に反映させなければ働く人たちの価値を下げてしまう。日本経済を好循環に持っていくために、労働組合としても物価上昇や適正な価格のあり方について発信する時期に来ていると思う。

――22年春闘では、ベースアップ（ベア）2％程度、定期昇給含め4％程度の賃上げが目標です。

ここ数年、企業によってはベアより一時金にシフトする傾向があったが、一時金は業績が落ちると一気に下がってしまう。連合としては確実にベアで上げていきたい。

――「未来づくり春闘」を掲げ、「人への投資」を求めています。

22年の春闘も大事だが、その先も見据えた将来につながる賃上げ交渉を目指している。「人への投資」の「人」とは、私たち労働者はもちろん、経営者も自営業者も、これから社会に出ていく学生や子どももも含めたすべての人を指す。

雇用の流動化について否定はしないが、正規雇用されるのはヘッドハンティングされるような一握りの人材で、大半の労働者は非正規雇用に転じてしまうリスクがある。正規雇用を担保するために、教育訓練や資格取得など、「人への投資」をしていくことが必要。一人親家庭などに対しては、生活保障とセットで考えるべきだ。

――非正規雇用の問題について、今後の取り組みを教えてください。

一人親家庭や外国人労働者など、劣悪な環境に置かれている非正規労働者の実態はこれまでも指摘されていたが、コロナ禍においてより顕著になった。連合としては、まずは非正規労働者も含めて組織化を促していきたい。

一方で、非正規労働者から見ると連合という組織も敷居が高いイメージがあると思う。こちらから彼らに歩み寄り、交流できるような取り組みも考えていきたい。

――「新しい資本主義実現会議」のメンバーですが、印象は？

岸田首相も「成長と分配」を掲げており、方向性の違いは大きくないと考えている。

会議の方向性もおおむね一致している。

あとは、審議会のような場とは別に、政労使がもっとフラットに対話できる場があるとよい。

――「労働組合の政策が実現するのであれば政党との連携は是々非々で」と、公言しています。

組合員にとってのベストを考えると、連合の政策と方向性が一致する政党と手を組むことだ。その意味では、自民党や公明党であっても政策面で一致するのであれば、是々非々での連携はありうる。ただ、経営者側が自民党についている以上、連合が与党側につくと政治での緊張関係がなくなってしまう。今は野党の立憲民主党と国民民主党との連携を基軸にしている。

両党が一緒になってくれれば連合としてはやりやすい。一方で考え方が違う共産党と組むのはダメだ。

――最後に、22年はどんな年にしたいですか。

まだコロナ禍は収束していない。月並みだが、みんなが健康で安心して日常生活が送れるような年にしていきたい。

（聞き手・宇都宮　徹、ライター：堀尾大悟）

芳野友子（よしの・ともこ）
1966年生まれ。東京都出身。84年に東京重機工業（現・JUKI）に入社、一貫して労働組合活動に携わる。JUKI労働組合委員長、JAM（ものづくり産業労働組合）副会長を経て、2015年連合副会長。21年10月から現職。

【人材活性化】

「年齢バイアスはもう不要　若手に権限、年配も副業を」

サントリーホールディングス　社長・新浪剛史

個人消費の動向に敏感な飲料・食品メーカー。その大手であるサントリーホールディングスの新浪剛史社長は、2022年の景気の先行きについて強気だ。他方で、日本経済が活性化していくには労働力の移動、つまり人材の活性化が重要だと説く。

——「2022年の日本経済は大いによくなる」と考えているそうですね。理由を教えてください。

最も大きいのは家計貯蓄の存在だ。家計貯蓄はコロナ禍の間に28兆円拡大したといわれる。一方で「消費をしたい」という欲求が、人々の中でマグマのようにたまっている。消費刺激策もあり、それが噴き出すだろう。
もう1つは賃金上昇。とりわけ非正規やサービス産業の従業員の賃金が上がってくる。グループ内に飲食店を持つわれわれも、人手の確保に苦労している。「オミクロン株」などコロナ禍が続く中では、入国制限があって海外の人材にも頼れない。賃金を上げないと働き手に来てもらえない状況だ。
22年前半は企業が賃金を上げる。そして年後半は、ITやデジタルなどツールの導入で、企業が生産性を上げる動きに出る。企業がデジタル関連の投資を増やすことに伴い、関連分野の雇用が増える。そういった「正の循環」が起きるのではないか。ただ、23年以降も賃金が上がり、雇用も増えるには、投資で生まれたデジタルなどの成長領域に、労働力が移動していく必要がある。

——足元では世界的にインフレ懸念が強まっています。日本でも景気回復に水を差しませんか。

正の循環に入ることができるように、「悪い物価高」の解決策を打ち出していかなければならない。行きすぎた円安にならないために議論を始めることも必要だ。悪い物価高と円安が進めば、22年半ばから日本経済は厳しい状況を迎える可能性がある。

そのときの原油価格にもよるが、1ドル＝120円以上の円安になると、日本経済は大変になるだろう。日本では1ドル＝70円台の円高で苦しんだ時代のトラウマが強い。だが、企業は海外に生産移転するなどしたため、円安メリットは薄れている。これまでのように大幅な金融緩和策を続けるのかも含めて、「プランB」を考えねばならない。

個人と企業の関係変貌　労働力移動が始まった

——今後については「労働力の移動」を重要視しています。しかし日本では、正社員を中心に労働力の移動が停滞してきました。

労働力の移動はすでに起こり始めている。40～50歳代で増えている副業はその前兆だ。副業が広がると、企業は社外の人材と接点を持つ機会が増える。その人がよい人材であれば自社に採用することもありえる。副業がいわばインターンシップ（就業体験）のような役割を担うことになる。

労働力の移動に対する意識はすごく強くなっていると思う。「人生100年時代」を迎える反面、定年をさらに延長できる企業は経営体力的に限られている。将来を考えて、ほかに能力を生かせる場所や自分が成長できる場所に移りたいと考える人は、超一流と呼ばれる企業でも増えている。個人と企業の関係は変わり始めている。

――大量採用されたバブル入社組の再活用が必要なほか、商社や銀行などの大企業に人材が滞留しているのは問題だと、内閣府の経済財政諮問会議で意見してきました。

多くの友人、後輩から聞くのは、「こんなはずではなかった」という声。「大きな木の下にいれば面倒を見てくれる」と思っていたのだろう。そうではなかったため、彼らはロイヤルティー（企業への忠誠心）を下げているが、「自分の人生は自ら考えようよ」と働く後輩たちに伝えたい。

20年、30年と成長する企業であれば、そこにずっといることで恩恵を享受できるが、そういうケースは少なくなるだろう。一方で、DX（デジタルトランスフォーメーション）やサステイナビリティー（持続可能性）関連の新産業が日本でも盛んになる。そこに行くという選択肢が生まれるはずだ。

バブル期入社の50代でも、他社から見るとすばらしいスキルを持っている。「自分にはない」と思っているだけだ。自分の価値とそれを生かせる場所を見つけるためによいのが副業だ。大いに外との接点を持てばいい。会社は「面倒を見ません」と言うわけではないが、仮に70歳まで定年を延ばしても人生はその後も続く。

——労働力の移動を含めて、人材を活性化していけるのでしょうか。

日本企業は大艦隊のように動きが鈍いが、今このタイミングで意思決定をしないといけない。DXなど新領域への投資が増える中、若い層にどれだけ仕事を任せられるかが問われている。もちろんシニア層でも能力のある人には仕事を任せる。つまり「年齢バイアス」を外すことが重要だ。それに沿った給与体系をつくることも必要となる。

一方で、この新しい動きに埋もれる人が出てくる。企業が社員に教育機会を与えたり、政府がリカレント教育（社会人の学び直し）の場を提供したりすべきだろう。

サントリーは自主的な学びの場を社員に提供している。DXや情報分析など、さまざまな講座で年齢に関係なく学ぶことができる。

また22年には賃上げをしたいと思っている。とくに子育て世代などへの配分をより厚くしていきたいと考えている。

――政治に今求めたいことは。

「成長なくして分配なし」というが、「分配」の構造そのものをまず見直してもらいたい。高齢化の進展で医療費が膨張しているが、どこまで適正に使われているのか。現役世代の負担を抑制し可処分所得を上げていくことこそが、目指すべき分配政策ではないか。

（聞き手・緒方欽一、兵頭輝夏）

新浪剛史（にいなみ・たけし）

1959年神奈川県生まれ。81年慶応大学経済学部卒業、三菱商事入社。91年米ハーバード大学経営大学院修了。2002年ローソン社長、14年会長を経て同年10月、サントリーホールディングスの社長に就任。内閣府の経済財政諮問会議の議員を14年9月から務める。

【エンパシー】

「他者理解の力を養うにはネットを捨て、街へ出よ」

ライター・コラムニスト　ブレイディ　みかこ

コロナ禍で格差拡大や階層分断への懸念が広がる中、日本でも他者への「共感」を深める動きがある。ただ、世代間やジェンダーのギャップはいまだ残っている。『他者の靴を履く』などの著書を通し、社会的マイノリティーの立場で発信する英国在住のブレイディ　みかこ氏が、日本社会に足りない他者理解の問題点について語った。

——新型コロナを機に「共感」がキーワードになっています。

「共感」に当たる英語には「エンパシー」と「シンパシー」がある。エンパシー（empathy）とは、自分とは異なる意見を持っている人や異なる境遇で育ってきた人の立場に立って想像し、理解する知的能力。英国では「他者の靴を履く」とも表現される。一方、シンパシー（sympathy）とは、同じような考えや境遇の人に対して抱く感情。両者は似ているがその意味はまったく異なる。

日本社会に欠けているのはエンパシーだ。職場では「来客には女性がお茶を入れるもの」と男性は新人の頃から刷り込まれ、女性の側も疑問に思わない。互いに「認知のバイアス」がかかるので男女の差を当然と思い、エンパシーを働かせにくい。それが、ジェンダーギャップが解消されない原因だ。

エンパシーのある職場は対話から始まる。形式だけの会議より、もっと日常の中で不満や困り事をぶつけ、対話することが必要だ。

――しかし、リモートワークが普及して対話の機会が減少しました。

そのとおりだ。それだけでなく、リモートワークは偶然の出会いの機会を失わせ、とくに若者の能力や可能性を狭めている。英ガーディアン紙の記事で、22歳の若者が「ロックダウンが解除され外出できるようになったことで理想の仕事に就けた」と答え、「リモートワークは若者には不利」とまで語っていた。当の若者が否定しているのが面白い。

さらに、SNSやネットも異なる者同士の対話を阻害している。同じ階層や境遇にいる人たちとシンパシーでつながるにはSNSやネットは便利なツールだが、反面、共感できない相手には反発してただ批判だけを繰り返す。共感か反発かの両極端でなく、その「間」の部分が大事。「なぜこの人はこんなことを言うんだろう」と一拍置いて想像してみるのがエンパシーだ。

――日常の中でエンパシーを育むにはどうすればよいでしょうか。

新型コロナで制約はあるかもしれないが、「ネットを捨て、街へ出よ」と言いたい。電車やお店など、偶然の出会いや対話から私たちは他者のことを学び、想像するための引き出しを増やしていく。ネットに没頭しすぎると人間として幼稚になるのでは。

エンパシーの搾取に注意　幼少からの教育が重要

――岸田文雄首相は「信頼と共感の政治」というキャッチフレーズを掲げています。

いかにも時流を読んだ発言だ。政治家やその周りにいる知識層は同じ階層の人とし か付き合わない傾向がある。「シンパシーの政治」が進んだことで、党派性が強くなり、遠く離れたところから互いに石を投げ合っているような現象がツイッターなどで散見される。元英首相の故マーガレット・サッチャーの私設秘書を務めた人物が「彼女にはシンパシーはあったがエンパシーはなかった」と英BBCで証言していた。側近には優しく接していたが、庶民に対しては境遇や心情を想像できなかった。シンパシーの政治ではなく、幅広い人の意見に耳を傾ける「他者の靴を履く政治」こそが必要だ。

――一方、エンパシーを働かせすぎると心が疲れてしまいませんか。

トランプ前米大統領のような強烈な個性やカリスマの人に心酔し、エンパシーを働かせすぎると、自己が希薄になり自己主張ができなくなってしまう。それを私は「エンパシーの搾取」と呼んでいる。

英国ではインフレで物価が上がると「賃金を上げろ」と労働者が声を上げ、それに雇用主も呼応して賃金を上げる。そうして経済は拡大していくものだが、日本では原材料費や燃料費が高騰しても企業が価格を抑え、労働者がさらに安く使われる。結果、経済がしぼんで誰も得しない状況になっている。

エンパシーの搾取を防ぐためには、自分はこうありたいという軸を持つこと、言い換えると「アナーキー」であることが大事。他者を理解する姿勢と、自分を明け渡さないことは両立できる。

――日本人が自分の軸を持ち、考えを表明できるようになるには何から変えるべきでしょうか。

やはり教育だろう。他人の意見を聞き、自分の言葉で意見を言える子どもを育てる教育が必要だ。

英国にはシティズンシップ教育というカリキュラムがある。議会・政治の仕組みを座学で教えるだけでなく、社会でいま起きている話題を子ども同士で語り、エッセーを書かせる。息子が14歳のとき、「資本主義についてどう思うか」というエッセーの宿題が出た。
私は英国で保育士をしていたが、保育のカリキュラムでも4歳時点で「自分の意見を言える子、自分の権利のために立ち上がることのできる子をつくる」ことが最終目標になっている。読み書きや計算の前に、人間としての器を形成することが教育の柱になっている。
そういう教育を幼少期から受けている国と、受けないまま大人になった国とが、政治やビジネスの土俵で対等に渡り合えるはずがない。日本は少子化で次代を担う人材が減少するのだから、なおさら教育に予算を投入していかないと、世界との差は広がる一方だ。

――2022年、日本社会にどのようなことを期待しますか。

コロナで格差が拡大しているが、日本は英国よりセーフティーネットがないと感じる。ネットカフェ難民だった人が緊急事態宣言で行き場を失うようなことが起きている。生活保護を受けようにも窓口で追い返されてしまうといった話を耳にする。政治だけでなく、社会全体がもっと他者への想像力を持てれば日本は変わると思う。

（聞き手・常盤有未、ライター：堀尾大悟）

ブレイディ みかこ（ぶれいでぃ・みかこ）

1965年生まれ。福岡県立修猷館高校卒業。96年から英国ブライトン在住。英国で保育士として働きながらライター活動開始。2019年『ぼくはイエローでホワイトで、ちょっとブルー』でYahoo!ニュース―本屋大賞ノンフィクション本大賞。近著に『他者の靴を履く―アナーキック・エンパシーのすすめ』など。

【ネット配信】

「ローカルらしさの貫徹が『イカゲーム』のヒット生んだ」

ネットフリックス共同CEO・テッド・サランドス

ネットフリックスが日本に進出して7年目に入った。現在、国内会員数は500万人、日本発の映画やシリーズの世界配信本数は約90本に達する。ネットフリックス共同CEO／最高コンテンツ責任者であるテッド・サランドス氏は「日本国内でネットワークを築けた結果」と評価した。では、日本からも韓国オリジナルシリーズ『イカゲーム』のような世界的ヒットを生み出せる可能性ははたしてあるのか。その答えを独占インタビューで明かした。

——2021年第3四半期（7〜9月）決算は売上高が前年同期比16％増の約

75億ドルという好業績です。アジア地域の好調が要因ということでしょうか。

好調の要因は、世界的な傾向として、提供する作品そのものに興味を持ってもらっていること。日本進出以前と比べると、ローカル発コンテンツは着実に増えている。そうしたコンテンツが求められていることも大きい。

――なぜローカル発コンテンツが注目されているのでしょうか。

ローカルらしさを持ち合わせたストーリーテリングをグローバルプラットフォームに乗せることで、世界的なヒットに結び付けることができた。単純にグローバルで受けるものをつくろうとしても、継ぎはぎだらけのものになりかねない。普遍的でローカルらしいコンテンツであるからこそ、世界の誰かの心を打つのだと思う。

――1億4000万世帯に視聴された『イカゲーム』は成功例です。それまで世界視聴トップだった『ブリジャートン家』と比較すると、制作費は低く、外国語作品という不利な条件もあった。なぜヒットしたと思いますか。

韓国のチームが3年ぐらい前から『イカゲーム』のプロデューサーと関係性を築き、オリジナルシリーズとして実現させた。ローカルから生まれた成功例はほかにも、フランスの『Ｌｕｐｉｎ／ルパン』やスペインの『ペーパー・ハウス』がある。これらの言語は英語ではない。『イカゲーム』は見かけ上は不利かもしれないが、若い層を中心に関心を集め、社会現象にまで発展した。この成功から広がりを見せることもできた。日本発の『今際の国のアリス』は、『イカゲーム』視聴者のオススメ作品に挙がったことで、５０カ国でトップ１０に再浮上した。

――ディズニープラスもローカルコンテンツ制作に力を入れ始めています。ローカルコンテンツの成功のカギは何でしょうか。

強固なローカルチームがいかにその土地の文化に根付き、ローカルコンテンツを引き出すかに尽きる。各国のオリジナル作品を手がけるクリエーターに話を聞くと、ネットフリックス作品はどこよりも満足できるクリエーティビティーを発揮することができたと話す。それもローカルコンテンツの成功に重要な要素だと思う。

是枝監督とタッグ　新たな仕掛けも続々

――21年のアジア全体のコンテンツ投資額は10億ドルで、うち韓国オリジナルコンテンツに5億ドルが投じられました。22年の投資方針はどうなるのでしょうか。

数字は言えないが、英語コンテンツも外国語コンテンツもともに投資額を増やす計画だ。アジアでは当初、アニメ作品への投資が多い傾向だったが、現在は映画やドラマシリーズも増やしている。日本では今後、是枝裕和監督と組んで映画やドラマを制作するなど、新たな取り組みを仕掛けていく。アニメ新作『ジョジョの奇妙な冒険 ストーンオーシャン』のような日本の漫画ＩＰ（知的財産）の世界展開も広げる。ハリウッド実写版『ONE PIECE』もその一例だ。原作のよさを生かしながら、クロスカルチャー的なドラマシリーズをつくっていく。

――外資系企業が日本市場で成功するのが難しい中、日本の有料動画配信サービス市場でシェア2位の会員規模にまで広げています。

米国の会社が日本で成功できなかった最大の要因は、外から日本をどうにかしようとしていたこと。われわれは日本に根付いたチームが意思決定して、日本のカルチャーにもビジネス慣習にも寄り添いながら進めている。日本国内の制作会社や出版社、制作スタジオなどとも密接な関係を築いている。

――日本オリジナルのマイベスト作品を教えてください。

不意打ちだね。特定の作品を挙げるのは難しいが、強いて言えば『深夜食堂』シリーズは個人的に好きな作品の1つだ。

――社会的意義のあるドキュメンタリー作品から筋書きのないリアリティーショーまでジャンルの幅も広がっています。その狙いは。

世界にはさまざまな趣味・嗜好があり、熱量がある。私には25歳になる息子がいるが、彼は根っからのアニメ好き。息子が好むアニメ作品の面白さを、正直私は理解できなかったが、彼がアニメを好んでいることは十分に伝わっていた。ネットフリッツクスは、世界展開しても広がらないだろうと思われていたジャンルの面白さに気づいてもらう機会をつくることができた、と自負している。

――業界の常識を変えた戦略を今後も進めていくのですか。

世界中にはあらゆるコンテンツがあるのに、なぜ世界中で見られているのが米国発の作品に集中しているのだろうと、その事実が腑に落ちなかった過去があった。われわれはそれを大きく変えた。今後もそうであるべきだ。

――日本から『イカゲーム』のような世界的大ヒット作は生まれていません。課題は何でしょうか。

試行錯誤しながら取り組んでいきたい。100年前から映画をつくっているスタジオと比べると、ネットフリックスはまだまだ歴史が浅い。しかも日本での事業経験は10年以下で、まだアーリーステージだ。今後もさらに市場を開拓し、日本のストーリーを世界に発信する。『イカゲーム』のような作品が生まれると信じている。『イカゲーム』は数週間前まで世界的ヒットをまったく予想していなかった。だから日本発コンテンツにも可能性は十分にある。

（聞き手・コラムニスト　長谷川朋子）

テッド・サランドス（Ted Sarandos）

1964年生まれ。2000年ネットフリックス入社。以降、あらゆるコンテンツの調達および製作を担当するチームを統括。『ハウス・オブ・カード　野望の階段』（13年）などオリジナルコンテンツの製作を主導。20年、創業者兼会長兼CEOリード・ヘイスティングス氏と並んで共同CEOに就任。最高コンテンツ責任者を兼務。

「悪いところ〝総取り〟の厄介な変異株・オミクロン」

東京農工大学農学部附属感染症未来疫学研究センター　センター長・教授・水谷哲也

新型コロナの変異ウイルス「オミクロン株」への警戒感が強まっている。WHO（世界保健機関）がオミクロン株をVOC（懸念すべき変異株）に指定したのは11月26日。はたしてデルタ株に代わって主流のウイルスになるのか。コロナウイルスを専門的に研究している東京農工大学農学部附属感染症未来疫学研究センターの水谷哲也教授に聞いた。

――オミクロン株はなぜここまで警戒されているのですか。

デルタ株以降、〝大物〟の変異株はあまり出てこなかった。WHOがデルタ株をVO

Cとして指定したのは2021年4月。その後にラムダ株が6月、ミュー株が8月にVOCの前段階である「注目すべき変異株」に指定されたが、どちらもデルタ株の流行をしのぐことはなく消えていった。

オミクロン株はデルタ株に取って代わって拡大している地域があるようなので、久しぶりの〝大物〟になるかもしれない。その可能性の根拠として考えられるのは、ヒトの細胞に感染するときの足がかりになる「スパイクタンパク質」に起きている変異が、従来とは比べものにならないほど多いことだ。スパイクタンパク質はいくつものアミノ酸が連なって構成されている。ラムダ株であれば7カ所のアミノ酸に変異が起きているが、オミクロン株はそれが30カ所以上もあり、これまでVOCに指定されたどの変異株と比べても明らかに数が多い。そして、従来の変異株の悪いところを〝総取り〟したような特徴もある。

――悪いところ〝総取り〟とは。

重要となるのが、スパイクタンパク質の中でもその一部である「受容体結合領域」

と呼ばれる場所で起きている変異だ。ヒトの細胞に侵入する際に細胞と直接接する領域で、ここで変異が起きていると、感染のしやすさなどに変化が生じやすい。オミクロン株の受容体結合領域を見ると、実験室レベルではヒト細胞とウイルスとの融合を促進することがわかっているもの、中和抗体から逃れる可能性があるもの、感染性を高めることがすでにわかっているものなどがある。さらに、受容体結合領域の外側ではあるが、領域の構造に影響を与えて感染性を高める変異も起きている。

オミクロン株の変異の特徴は、アルファ・ベータ・ガンマ株に近い。そこにインド由来のデルタ株の変異も一部入ってきたようなイメージだ。感染しやすくなるなどの特徴がすでにわかっている変異が、これまでの変異株には2~3つだったが、オミクロン株には少なくとも4つ含まれる。

感染効率上がるような変異が起きた可能性も

――ほかに懸念すべき点は。

新型コロナが細胞に侵入するとき、「フーリン」と呼ばれるタンパク質分解酵素がスパイクタンパク質を切断するというプロセスがある。気になるのは、オミクロン株では初めてフーリンによって切断される部位の近くにも変異が起こっていることだ。SARS（重症急性呼吸器症候群）やMERS（中東呼吸器症候群）のコロナウイルスはフーリンによって切断されるこの部位を持っていない。新型コロナは、この切断部を持ったことで感染効率が上がったといわれている。そのため、もしこれがより切断されやすくなるような類いの変異なのであれば、明らかに感染しやすくなっているということで厄介な存在に見える。

――ウイルスにとって変異とはどのような意味を持つのですか。

そもそも一般的には、変異すること自体、ウイルスにとっては不利なことだ。変異前には一定の感染性があったのに、ランダムに変異が入ることでウイルスとしてダメになってしまうことのほうが多いはずだからだ。

――「変異ウイルス＝危険」というわけでもないのですね。

感染しにくくなるような変異が起きれば、もちろんその株は流行しないし、逆に感染者の致死率が高くなるような変異が起きてもウイルスは広まることができない。こういった変異は数多く起きているが、ほとんどの変異株は人知れず消えていってしまう。だから、結果的に今回のように感染が広がって生き残った後の変異株しか確認できない。疫学的にも調べないと結論は出ないが、本当にこのままオミクロン株がデルタ株に代わって感染の主流になっていくのであれば、感染しやすくなるような変異が起きたと考えるのが自然だ。

――オミクロン株ではワクチンなどによる中和抗体の効き目の低下が懸念されています。

中和抗体からどのようにウイルスが逃れているのかは、実際に中和抗体を持ったヒトの血清を使うなどして研究する必要があるので、効果の有無を確認するのには時間がかかる。とはいえ、中和抗体がまったく効かなくなるということはないだろう。中和抗体は、スパイクタンパク質上にある複数のアミノ酸を認識して結合するため、いくつかのアミノ酸が変異したとしても、中和抗体はほかの部分でウイルスを認識して感染を抑えられる。程度はわからないが、くっつき方が悪くなるようなイメージだ。

──デルタ株に代わってオミクロン株が主流となって広がっていくのでしょうか。

変異によってずば抜けて感染しやすくなるとか、より効率的に体内でウイルスを複製できるようになるとかがない限り、簡単には世界中で感染の主流になることはない。だが、実際にデルタ株の感染が減る一方でオミクロン株が増えていくのであれば、かなりの警戒が必要だ。

（聞き手・石阪友貴／記事内容は2021年12月上旬時点）

水谷哲也（みずたに・てつや）

1964年生まれ。90年北海道大学獣医学部卒業、94年同大学獣医学部大学院博士課程修了。国立感染症研究所主任研究官などを経て、2013年東京農工大学農学部附属国際家畜感染症防疫研究教育センター（現・感染症未来疫学研究センター）長、教授。獣医師・博士（獣医学）。専門はウイルス学。

「人への想像力を失った世界　もう後戻りはできない」

作家・桐野夏生

社会の闇、人の心の闇を丹念に描き出すのが桐野夏生氏である。この国が抱える闇の正体とは……。桐野氏に聞いた。

――コロナ禍の社会をどうみていましたか？

非正規の方が仕事を失ったり、飲食業が閉店せざるをえなかったり。オンラインで仕事をする大企業の人とは随分差があるなとみていました。欧州のようにロックダウンで、社会が一斉に停止するほうがフェアだと思う。法の問題といわれていますが、リスクに対する考え方も違うのでしょうね。しかし、国家権力が強制力を実行に移すことで、流行病が収まっていくのを見ると、不安もあります。

都市も変わらざるをえないのでしょうか。一極集中の問題があらわになりました。稼働率の悪いビルが売られたり、地方に移住する人も多かったりすると聞きます。一方、高齢化、過疎化する地方を見ていると、一極集中化が簡単に解決するとも思えません。

コロナ禍の社会を小説で描くかどうかですか。誰かは書くでしょう。でも、私自身は今のところ書く気はありません。どう収まっていって、社会がどんなふうになるのか、まったく想像がつきません。

――違和感が執筆の原動力になると。少年犯罪を描いた最新刊『砂に埋もれる犬』もそうですか。

私は、世の中の動きについていては違和感だらけなんです。3年前に『路上のX』という作品で搾取されていく女子高生の姿を書いた。今度は少年を題材にするのはどうかと思って、この作品を書きました。少女はあらゆる意味で搾取される側ですが、少年は犯罪に近いところにいる気がした。貧困と背中合わせに、少年犯罪があるんじゃないかと。そんなことを小説の中で実験しようと考えたのです。

事前の取材はものによりますが、この作品ではあまりしませんでした。私は、当事者には絶対に会わないことにしています。影響されることが嫌なので。ただ空気感を知ることは大事です。今回の話とは関係ありませんが、2015年に神奈川県川崎市の多摩川河川敷で「川崎中1男子生徒殺害事件」が起きた現場は見ました。少年3人が、中学1年生を惨殺した事件です。まだお花や事件関係の看板などがあって、生々しい所でした。

国道を走るダンプやトラック、昼間なのに子どもの姿のまったくない児童公園。荒涼とした土地のイメージは作品の舞台にも投影されます。イメージを借りる感覚で小説に転化しようと思いました。

――主人公の少年は被害者的な立場から、加害者に変わっていく。

最初は心の中の変化が主体ですから、犯罪自体は軽いのです。だが、歪んでいく根みたいなものが、少年のいったいどこにあるんだろうと想像すると、母親に行き着く。母親が好きなのに裏切られる。少年犯罪は母親の話でもあると思います。友達がこの作品を読んで、「母親の気持ちがわからないでもない」と言っていました。子どもを育てた人にはわかると思いますが、時には、よいお母さんでいられないこともある。

この小説で、少年は母親と離れて、里親と過ごすことになります。里親は愛情で何とかなるんじゃないかと思っているけれど、他人の愛情ではどうにもならないこともあるのではないかと思いました。時間がかかるのです。善意の人が育てるのだから、その子は幸せに暮らすだろう、というストーリーをつくるのは簡単ですが、実際はそんな単純なことではないと思います。私はつねに現実的なストーリーにしたいと考えています。

表現というものが平べったくなる

――社会情勢は影響しますか。

現実の社会の状況というよりも、作品ごとにその1つの世界をつくることに集中しているので、あまり作品への影響というものを考えたことはありません。その作品の中の世界がどうやって終わりを告げるか、そのことだけを考えています。私の考えがどうこうとか、社会がどうこうというのではない。その作品なりの決着のつけ方というものが必ずある。それは書いていて、私だけにわかる、本当に不思議な感じです。他人には説明しにくいことです。だから、プロットも全然立てないで、いきなり書き始めます。すると、登場人物が勝手に動いていくんです。

世の中が、ネットの世界から影響を受けている部分がかなりあると思います。クレームを恐れて、萎縮している。それが自粛警察に通じる。気持ちが悪い世の中になりました。私は小説では内心の自由を書くべきだと思っていますが、これからは「これはまずい、あれもまずい」というような自粛傾向がもっと強くなるでしょうね。あらがいたいと思っています。

電子書籍が普及し始めてから、逆に規制が厳しくなっています。サラリーマンを表す「リーマン」という言葉について「差別用語になるかもしれない」と言われて、びっくりしたことがあります。「リーマン」という言葉を安易に使う人を描いているわけですから、それを「サラリーマン」に書き換えると、ニュアンスはまるで変わってきます。こうしたルールに従っていると、表現は平べったいものになっていく。言葉狩り、いや表現狩りですね。

――紙メディア衰退の影響も?

そうですね。昔は家の中に家族が読んでいる雑誌や本がいっぱいあったでしょう。それぞれの年代別に読まれる雑誌を、ちらちらと見るだけで、いろんなことを知った気がしました。それこそ多様性です。今はスマホで自分の好きなことしか目に入れないし、読まない。多様性に目を向けることがなくなるでしょうね。

子どもが、こっそり父親のエッチな本を読むなんてことが、もうなくなっている。自分の世界を深めるという意味では悪くないのかもしれないが、本も映像もおのれだけのものになると、他人に対しての想像力をなくしてしまう。しかし、現実からは逃れられないし、もう後戻りできないのです。

（聞き手・堀川美行）

桐野夏生（きりの・なつお）

1998年『OUT』で日本推理作家協会賞、99年『柔らかな頬』で直木賞、2003年『グロテスク』で泉鏡花文学賞、04年『残虐記』で柴田錬三郎賞、08年『東京島』で谷崎潤一郎賞、10、11年に『ナニカアル』で島清恋愛文学賞と読売文学賞など受賞。ほか著書多数。21年に日本ペンクラブ会長に就任。

【人生哲学】

「必要なのは理想と夢と希望　困難の中に「運」がある」

日本電産会長・永守重信

たった4人で立ち上げた会社を世界一の総合モーターメーカーに育て上げた日本電産の永守重信会長。自身の人生哲学を詰め込んだ『成しとげる力』が2021年11月に刊行された。生き方や経営、教育についてどう考えているのか、本人に直撃した。

——「兆円企業」を目指すなど創業時の目標を実現しました。

成し遂げるというのは、自分の抱いている夢を実現させることだ。ものすごい苦労の道となる。私もやりたいことをいくつも捨てて何を優先するか絞り込んできた。必要なのは理想と夢と希望だ。私は28歳で独立した。子どもの頃、友人に金持ちの家の子がいた。私は貧しく汚い服を着ていたが、彼はステーキを食べ、詰め襟の服を着ていた。「お父さんは何をしているか」と聞けば「社長だ」と。そのとき社長になる思いが芽生えた。彼の父から「社長は簡単じゃない」と聞いた。荷車を引く昔の写真を見せてもらい、「今からよっぽど頑張らないと無理だ」と教えてくれた。簡単に独立する人もいるが、会社は大きくならない。基礎ができていないからだ。

私は中学生のときから人生計画を作っていた。働いて独立するから一流大学に入る必要もないと考えていた。そして創業した際に社員3人に「1兆円企業をつくる」と訓示して、50年後を目標にしていたが、41年で実現した。

——京都にはオムロン創業者の立石一真氏や京セラ創業者の稲盛和夫氏ら先輩経営者がいました。

彼らは完全な狼だ。まねして学んだ。日本電産でも社員に「まずはまねしろ」と話す。プライドからか、まねしない人がいるからだ。

よく「永守さんは経営幹部のクビを切っている」と言われるが、そうではなく、ついてこられないだけだ。学んだ者が上に来ており、「一生懸命学べ」と伝えている。

――リーダーの条件は何ですか。

リーダーは狼である必要がある。人を引っ張り、たくさん集め、自分の考えているとおりに動かせることが基本だ。部下は全員が羊でもトップが狼であれば勝てる。

さらに自らが集団の先頭に立たなければいけない。これまで名門校出身の社長候補を見てきたが、経営学は学んでも現場に行かないし、泥の中に手を入れない。経営学部の教授が会社を経営して成功できるわけではない。

――経営不振に陥った企業を買収して再生させてきました。

2021年8月に買収した赤字続きの三菱重工工作機械(現日本電産マシンツール)は、買収2カ月目で黒字化した。当たり前のことを当たり前にやっているだけだ。

ある大企業は経営不振でも部長はグリーン車で出張し、タクシーチケットを毎月3冊もらっていた。まずそこを切らないといけない。

日本電産はリーマンショック到来時にまだ数百億円の利益を上げていたが、上場企業で最初に賃金カットした。そして真っ先に利益を回復させ、賃金カット分を後から利息を付けて従業員に返した。

――「運が7割」が持論ですね。

この話をすると「人生は運」と言う人が出るが、7割の運に近づくのに絶壁がある。死ぬほど働かないと運はこない。逆に3割ものすごく努力すればチャンスが次々くる。だから困難に近づかないといけない。困難の中に運がある。

世の中はいいことと悪いことが差し引きゼロだ。私のように波瀾万丈な人生は、ものすごくいいこともあれば死ぬほど苦しいこともある。多くの人は大きな困難もない代わりに大きないいこともない。「私の人生は悪いことばかり」という人は大きな喜びがない分、悪いイメージしか残らないからだ。

――125歳まで生きる決意をされ、新50年計画を立てましたが、困難はまだあり

ますか。

毎日困難がある。次は売り上げ100兆円を目指すが、コロナ禍など問題はやってくる。ただ「足元悲観、将来楽観」と明るい先があると思ってやらないとできない。会社を大きくするための人材は不足している。私が京都先端科学大学を運営するようになったのは10年先の人材を自ら育てていきたいと思ったからだ。

──既存の教育体制の何が問題とみていますか。

ブランド主義が問題だ。自分のやりたいことと合致しているか不明な学部を選んででも、ブランド大学に入ることを重視している。

大学を卒業する学生に内定先を聞くと、新聞社から小売・製造業まで全部業界が違うケースがある。両親から「有名な会社に行け」とテレビCMでよく見かける会社に入ったがすぐに辞めてしまう。塾や家庭教師で大学に合格する受験テクニックだけ学び、一流大学に入っても自分が何をしたいかわからない。職業観や人生観をつくり上げる教育がなくなっている。

仕事と学歴は関係ない　とんがり人材を求める

――教育で何を重視しますか。

京都先端科学大学では人間としての総合的な知性と感性の豊かさを示すＥＱ（感情指数）を高める教育を目指している。心の豊かさや人間力は勉強以外のことをやらないと身に付かない。最低限の礼儀作法やマナーも必要だ。体育も必修科目に戻した。また、求めている人材を育てるには大学４年だけでは足りない。そこで付属中学・高校を持つことにし、早い段階から育成する。

グローバルに活躍できる人間も育てる。日本電産でも有名大学出身者を採用しているが、英語を話せるようになるまで入社後５年はかかる。京都先端科学大学では英語教育に注力し、卒業時にＴＯＥＩＣ６５０点以上を求めるが、それは運転免許のようなものだ。

――どんな人や学生を求めますか。

型にはまらない「とんがり人材」を求めている。これまであらゆる大学から採用したが、出身大学と仕事の成果は全然関係ない。

多くの人は自分の興味があることに対して一生懸命やる。ただ親から「有名大学に行け」と言われて、これからの人生100年時代をいかに生きていくかわからない人が多い。変わっているが、自ら考えて行動し、進むべき道ややりたいことが明確な人たちを一生懸命集めたい。

（聞き手・劉　彦甫）

永守重信（ながもり・しげのぶ）

1944年京都生まれ。職業訓練大学校（現職業能力開発総合大学校）電気科卒業。73年に日本電産を設立し、社長に就任。積極的なM&A戦略を展開し、世界最大のモーターメーカーに育て上げた。会長兼社長（CEO）などを経て、2021年から現職。18年に京都先端科学大学を運営する学校法人永守学園理事長に就任。

【生き方】スペシャルトーク

「未来に向けて「ありうる自己像」を探求しよう」

（著者）ロンドン・ビジネススクール　経済学教授・アンドリュー・スコット
（著者）ロンドン・ビジネススクール　経営学教授・リンダ・グラットン
シナモン社長ＣＥＯ・平野未来

『LIFE SHIFT 2』の著者2人とシナモンの平野未来社長ＣＥＯによるトークイベントを実施した。人生１００年時代に向けて個人や企業が何をすべきかを語り合ったイベントの内容を紹介する。

【アンドリュー】世代間の協働で価値創出　大手企業も革新的になれ
【リンダ】勇気を持って常識を覆せ　失敗恐れぬ意識に転換を

【平野】日本人の価値観変わった幅広い可能性を持つべきか。

――パンデミック後の日本で、価値観や人生における優先事項はどうあるべきでしょうか。

【アンドリュー】パンデミックが私たちに「健康」の価値を教えてくれた。GDPが減少すること、収入が減ることは覚悟していた。本当に大切な価値観の1つは何歳になっても健康でいること。そのためには企業や政府によるサポートが必要だ。経済的、精神的な面でレジリエンスの必要性も学んだと思う。今は重要なことが何かを探し、それに集中するチャンスだ。

【リンダ】日本人の働き方がガラッと変わったことに驚いた。例えば、富士通ではたった1週間で6万人が在宅勤務を始めた。富士通をはじめ、多くの日本人経営者が私に言った。「もう、従来の働き方に戻ることはないだろう」と。

これはライフ・シフトにとって、すばらしいことだ。本にも書いたように自分の人生に自主性と柔軟性を持つことが非常に大切だからだ。人間の習慣が変わるには、最低でも12週間かかるが、パンデミックが生じてすでに1年半が経過した。私たちは自分の働き方、お金に対する見方を変え、生きがいについて考えるようになった。

【平野】「毎日会社に行かなければならない」という日本人の価値観は新型コロナで変わってきていると感じる。これからは自分の価値観を持つことも必要だ。私の場合、2～3年前に、やっと自分の物語（生きがい）を見つけられた。また、5年ほど前、若い日本人女性が働きすぎのために自殺したというニュースを聞いて、悲しみと怒りを感じ、私は日本の働き方を変えなければならないと思った。

【リンダ】『LIFE SHIFT 2』では、まさに物語を探求しようとした。長寿社会では教育・仕事・引退という従来型の「3ステージ」は機能しないということを発想の出発点にした。本の中でさまざまな人の物語を紹介したのは、個々人が自分の可能性を探る手助けをするためだ。私たちには無限の可能性があり、人生でたくさんの「ありうる自己像」がある。その可能性を探ることが重要。そのためには、できるだけいろいろなことをやってみることだ。あとは人の輪を広げること。いろいろな人に出会えば、今の自分を超えた可能性が見えてくる。

【アンドリュー】長生きするということは、たくさんの時間を持つことだ。未来の自分を想像し、ありうる自己像を探ることができる。より多くの変化を目にして、意義のある人生を送り、物事にうまく対処できるようになるだろう。それが「シフト（変化）」だ。

【平野】「3ステージ」の時代では、どれだけよい大学に入るか、どれだけよい会社に勤めるかといった、序列が重要だった。しかし、今は「マルチステージ」の人生で、幅広い可能性を持つことのほうが重要だ。私の場合は、10年ほど前にベトナムに移住し、会社を立ち上げた。ほかにも米国、英国、シンガポールなど、いろいろな国に行った。新しい場所に行き、多くの人と出会うことは大切だ。

【リンダ】平野さんは、本の中にも書いているような「社会的開拓者」だ。社会の常識とは違うことを成し遂げ、その物語を皆に語る人だ。そして『LIFE SHIFT 2』は、社会的開拓者が取り組みや感じたことを語るためのプラットフォームを提供する。

【平野】本の中の教育に関する章に「マルチステージの人生を生きるうえで核を成すのは、しっかりした自己認識をもち、みずからの価値観と目的と意欲を折に触れて見直すこと」という文章がある。これが「LIFE SHIFT」の定義だと感じた。多くの人は50歳や60歳になったときのあるべき人生を想像し、20代、30代で何をすべきか逆算して考えがち。私はその考え方には納得できない。1年前よりも今できることのほうが大きいかもしれないからだ。2~3年後にかなえたい夢を描き、更新していく。「アップデート・ユア・ドリーム」がモットーだ。

まずは飛び込んでみる

【アンドリュー】人生が長くなることの醍醐味は、大人になってからの成長に時間をかけられること。私の20代の子供たちは、結婚や子供を持つのが遅くなっている。どの年齢であっても、成長したり変化したりするチャンスがある。

【リンダ】平野さんが言ったように、20歳の時点で30歳、40歳、50歳になったときの人生の予測は難しい。アンドリューも私も、「飛び込んでやってみよう」と言いたい。そこから得られたことや感じたことを確かめてほしい。私はキックボクシングを始めたのだが、とても面白く、新鮮な体験だ。おかげで自分の体に自信が持てるようになり、バランスもよくなった。

――誰もが社会的開拓者になれるのでしょうか。そのために必要なことは何でしょうか?

【アンドリュー】誰もが社会的開拓者になれるとは思わないが、それでいい。長寿や技術などの進化に伴う問題として、社会的な規範が通用しなくなるということがある。

「私の両親はそうしていたが、私は違う」。そういうときこそ、社会的開拓者となるような人たちを探すことが重要だ。

【リンダ】開拓者とは、勇気を持って社会常識を覆すことができる少数の人たちを指す。彼らは私たちにインスピレーションを与え、そこから社会的な動きが生まれてくる。例えば、日本では母親は育児休業を取るが、父親はほとんど取らない。英ロンドン・ビジネススクールに通う日本人グループには、育休を取る男性がいる。彼らは社会的開拓者で、こうしたコミュニティーをつくることは、政府の社会政策や企業を変える意味で重要だ。ある企業が、子供と過ごす時間がないという理由で優秀な人材を失っていることに気づけば、その企業は方針を変えるだろう。

【平野】若い世代にとって生きがいを持つことはとても重要だ。私は会社のCEOとして、就職希望者から「あなたの会社はどんなパーパス（存在意義）を持っているのか」と聞かれ、私が面接を受ける側になったように感じる。つまり、候補者が企業を判断しているのだ。

日本企業は変革が必要だ

――ライフ・シフトのための時間を確保し、やりたいことをやるにはどうすればいいのでしょうか。

【アンドリュー】 企業の変革が求められていると感じる。日本企業ができることは2つだ。1つは高齢の労働者が幸せで、高い生産性で働けるようにすること。もう1つは柔軟性を提供し、優秀な若い人材を確保できるようにすること。

先ほど、リンダは男性の育休について話していたが、全員が柔軟性を持つことができれば新しい社会システムを設計できる。本当に重要なのは、異なる世代が協力して働くことで得られる価値を確実に引き出すことだ。これが、企業が成功するためのカギとなる。

【平野】まったく同感だ。

【リンダ】日本では、人材争奪戦が行われていることを忘れてはいけない。企業は、若い人を引きつける方法、彼らを引き留める方法を見つけなければならない。

【平野】おのおのが自分の物語を持つようになり、会社第一ではなくなっている。企業は変わる必要がある。日本の伝統的企業にとっては、パンデミックでマインドセットを変えられたのがよかった。

【アンドリュー】日本で生まれた子供は２０％以上の確率で９０歳以上、場合によっては１００歳以上の寿命を期待できるようになった。若者より高齢者が多い社会に対処していくことだけではなく、若い世代が活躍し、最高の形で年を重ねられるように未来を変えていく。それが対処法になる。

――私たちが変わっていければ、日本はどんな国になるでしょう。本の中ではGDPだけが国を判断する指標ではないと言っています。

【リンダ】日本は若者が９０歳まで健康に暮らすために何が必要かを、世界に示すことができる。７０歳や８０歳になった途端に健康になることはない。変化をもたらすのは若い頃からの行動だ。

【アンドリュー】たとえ長く働いたとしても、働く人が減っていくのだから、ＧＤＰは減少するだろう。高齢化社会を問題視するのではなく、すべての人に対し人生の後半において健康と教育を提供することが必要だ。テクノロジーを最大限に活用して生産性を高めつつ、仕事を増やしていくことも重要だ。

特定の会社に所属し、決められた場所・時間で働くという仕事の定義が消滅していく。キャリアを歩む中で、複数の会社で仕事をすること、自営業になることもあるだろう。自分の健康、人間関係、スキルを維持することにも責任を持つようになり、資本主義における会社の重要性は低下していく。

【リンダ】日本の起業率が先進国の中で最も低いことはよく知られている。私は安倍晋三元首相の諮問委員会で人生100年時代を議論し、その際にこのことを詳細に検討した。東京の若者たちは、リスクを取ることを嫌う。一方、米カリフォルニアではリスクを取って失敗しても、それは学習の機会と見なす。マルチステージの人生を送るためには、失敗してもよいというマインドセットが必要だ。

【アンドリュー】スタートアップだけが革新的になれるわけではない。日本の大手企業CEOは「変化をもたらす開拓者になりたい」と宣言する必要があるだろう。どの年齢の人も、過去の同世代の人たちとは異なる行動を取る必要がある。

【リンダ】『LIFE SHIFT』では、「100年生きる可能性がある」と皆さんに示した。『LIFE SHIFT 2』では、「ありうる自己像」を探るためにスキルや人間関係、健康といった無形資産の概念について考えた。組織や教育機関、政府に対しては、明確なアドバイスもしている。この本を書いたとき、パンデミックは始まっていなかった。組織がすべきことについて提言したが、日本企業が本当に取り組むとは考えていなかった。だが、パンデミックがすべてを変えた。今はライフ・シフトするのに適したすばらしい時期だ。企業も次に取り組むべきことを考えているからだ。この機会を逃さないようにしよう。

（司会・倉沢美左／構成・常盤有未）

アンドリュー・スコット（Andrew Scott）

英ロンドン・ビジネススクール経済学教授、米スタンフォード大学ロンジェビティ（長寿）センター・コンサルティング・スカラー。ロンジェビティ・フォーラム共同設立者。英国予算責任局アドバイザリーボードと英内閣府栄誉委員会のメンバー。邦訳著書に『LIFE SHIFT』『LIFE SHIFT 2』（リンダ・グラットンとの共著）。

リンダ・グラットン（Lynda Gratton）

英ロンドン・ビジネススクール経営学教授。人材論、組織論の権威で、2015年に同校の卓越教育賞を受賞。世界で最も権威ある経営思想家ランキングであるThinkers 50では、世界のビジネス思想家トップ15にランクイン。18年には安倍晋三元首相が「人生100年時代構想会議」のメンバーに任命。著書に『ワーク・シフト』など。

平野未来（ひらの・みく）
シナモン社長CEO。2008年東京大学大学院修了。学生時代にアプリ開発のネイキッドテクノロジーを創業し、11年にミクシィに売却。12年にシンガポールでシナモンを創業、16年に日本法人を設立。21年に政府の経済・財政一体改革推進委員会委員、新しい資本主義実現会議有識者構成員に就任。

【週刊東洋経済】

本書は、東洋経済新報社『週刊東洋経済』2021年12月25日・22年1月1日合併号より抜粋、加筆修正のうえ制作しています。この記事が完全収録された底本をはじめ、雑誌バックナンバーは小社ホームページからもお求めいただけます。

小社では、『週刊東洋経済eビジネス新書』シリーズをはじめ、このほかにも多数の電子書籍ラインナップをそろえております。ぜひストアにて「東洋経済」で検索してみてください。

『週刊東洋経済eビジネス新書』シリーズ

No.378　コロナ倒産危機
No.379　車載半導体　争奪戦
No.380　マルクス vs. ケインズ
No.381　医療テック最前線
No.382　漂流する東芝

No.383　不動産投資　光と影
No.384　コンサル全解明
No.385　大転換の商社ビジネス
No.386　会社とジェンダー
No.387　全解明　経済安全保障
No.388　ソニー　掛け算の経営
No.389　２０５０年の中国〔前編〕
No.390　２０５０年の中国〔後編〕
No.391　相続の新常識
No.392　無敵の文章術
No.393　物流　頂上決戦
No.394　すごいベンチャー２０２１〔前編〕
No.395　すごいベンチャー２０２１〔後編〕
No.396　米国株　超入門

No.397　ビジネスと人権
No.398　無敵の話し方
No.399　ＥＶ　産業革命
No.400　実家のしまい方
No.401　みずほ　解けない呪縛
No.402　私大トップ校　次の戦略
No.403　ニッポン再生　７つの論点
No.404　マンション管理
No.405　学び直しの「近現代史」
No.406　電池　世界争奪戦
No.407　定年格差　シニアの働き方

週刊東洋経済eビジネス新書　No.408
今を語る16の視点　2022

【本誌（底本）】
編集局　林　哲矢、鈴木雅幸、宇都宮　徹、堀川美行ほか
デザイン　池田　梢、小林由依、藤本麻衣ほか
進行管理　平野　藍、角谷佳名子
発行日　2021年12月25日

【電子版】
編集制作　塚田由紀夫、長谷川　隆
デザイン　市川和代
制作協力　丸井工文社
発行日　2022年10月27日　Ver.1

発行所　〒103-8345
東京都中央区日本橋本石町1-2-1
東洋経済新報社
電話　東洋経済カスタマーセンター
03（6386）1040
https://toyokeizai.net/
発行人　駒橋憲一

電子書籍化に際しては、仕様上の都合などにより適宜編集を加えています。登場人物に関する情報、価格、為替レートなどは、特に記載のない限り底本編集当時のものです。一部の漢字を簡易慣用字体やかなで表記している場合があります。本書は縦書きでレイアウトしています。ご覧になる機種により表示に差が生じることがあります。

※本刊行物は、電子書籍版に基づいてプリントオンデマンド版として作成されたものです。